14,90

AF212250

Antón
Lopo

LAMPÍRICOS
[DIARIOS 8]

Antón
Lopo

LAMPÍRICOS
[DIARIOS 8]

VERSIÓN BILINGÜE
Traducción del gallego
Ismael Ramos

LAMPÍRICOS [DIARIOS 8]
Antón Lopo

◆

Colección: Letra Bastarda, 34
Primera edición: septiembre 2024

◆

© 2024, de los poemas, Antón Lopo
© 2024, de la traducción, Ismael Ramos
© 2024, de la cubierta, Abel Carrillo
           abelcarrillo.com - @abelcarrillo
© 2024, de esta edición, Letraversal

◆

Dirección editorial: Ángelo Néstore
Diseño: Martín de Arriba
Maquetación: Letraversal
Ayuda a la edición: Noa González Sirgado

◆

ISBN: 978-84-127137-6-3
THEMA: DC DCF
Depósito legal: MA MA 2424-2024

◆

Esta obra ha recibido una subvención
de la Consellería de Cultura, Educación,
Formación Profesional y Universidades de la Xunta de Galicia

XUNTA
DE GALICIA

◆

Impreso en España por Safekat · Printed in Spain
Bajo el cuidado de Rubén González Domínguez

◆

◆

En colaboración con

inédita

*Desnaturalicemos la subalternidad y empoderemosel arte hecho
desde la diversidad de género.*

◆

LETRAVERSAL
www.letraversal.com

1

Se agruparon de noche en el medio del bosque.
Vinieron con su luz.

1

Agrupáronse de noite no medio do bosque.
Cadaquén trouxo a súa luz.

sistencia / Resistencia / Resistencia / Resistencia / Resistencia a / Resistencia / Resistencia / Resistencia / Resistencia / Resist

/ Resistencia   [*Eco*]

[La luz en la boca me conduce entre la maleza. / / No sabría fijar cuándo dejé de ser ella físicamente, pero sospecho que es en este instante.]

[A luz na boca condúceme entre a maleza. / / Non sabería fixar cando deixei de ser ela fisicamente, pero sospeito que é niste instante.]

Talvez vos preguntedes quen son, onde estou ou que fago.
Talvez incluso vos intriga que como e con quen vivo.

Se vos serve de algo, como canto quero –canto se me
antolla– e acompáñanme fumadores, mestres sufís,
mulleres en loita, vagalumes e homes que se
alimentan de mahia e de hurís.

Este é o noso exilio,

baixo un ceo tan luminoso que o azul semella a
evolución lóxica do branco, varrido o ceo por un
vento conversador, políglota, por un vento que
mesmo susurra nos cofres baixo sete chaves.

Unha explicación así —seino— non chega.

Falar de ceo azul e de exilio antóllase contraditorio
desde a nosa perspectiva atlántica e a adicción á mahia
seguro que fai viaxar a vosa fantasía...

Non estaría mal: no exilio a fantasía é un rapaz que moi
poucas veces rende visita.

Tal vez os preguntéis quién soy, dónde estoy o qué hago.
Tal vez incluso os intrigue qué como o con quién vivo.

Si os sirve de algo, como cuanto quiero y me
acompañan fumadores, maestros sufís, mujeres en
lucha, luciérnagas y hombres que se alimentan de
mahia y de hurís.

Este es nuestro exilio,

bajo un cielo tan luminoso que el azul parece la
evolución lógica del blanco, barrido el cielo por un
viento conversador, políglota, por un viento que
incluso susurra en los cofres bajo siete llaves.

Una explicación así —lo sé— no basta.

Hablar del cielo azul y del exilio se antoja contradictorio
desde nuestra perspectiva atlántica y la adicción a la
mahia seguro que hace viajar vuestra fantasía...

No estaría mal: en el exilio la fantasía es un chico que
muy pocas veces hace visitas.

Eu era espazo sen posesión[1], iso que algúns denominan
  perímetro nómade e outros simplemente noda.

Era transitable como as sendas das montañas, visitable
  como os bosques,

pero non era árbore ou montaña, aínda que me considerase
  herdeiro dun movemento botánico e do horizonte.

Resulta fácil congregar a multitude e dispersala con
  argumentos de satisfacción. O difícil, o máis difícil,
  é sentar ao teu lado.

Escribín un poema que non me pertencía e convertinme
  nun poeta que non era eu, un poeta que me reescribiu
  coa miña complicidade.

«Os límites dunha linguaxe son os límites do meu mundo.
  Unha linguaxe pode dilatar os límites dese mundo
  pero nunca pode saír dil», dicía o poeta.

Eu manexaba conceptos primitivos de tempo e non estaba
  preparado para falar de presente, de pasado ou futuro:

Cría só na eternidade e esa crenza, unha obsesión sen
  dúbida, instalábame en lugares carentes de
  cronoloxía.

«A suspensión do tempo é un autoengano», teimaba
  o poeta en repetir, confuso pola eternidade e pol
  miña sombra.

---

[1] As árbores emiten un zunido respiratorio. A luz faise máis
brillante. / A voz non responde ao estímulo das palabras, como se
estivese sometida aos efectosdunha leucoplasia.

Yo era espacio sin posesión[1], eso que algunos denominan
   perímetro nómada y otros simplemente marisma.

Era transitable como las sendas de la montaña, visitable
   como el bosque,

pero no era árbol o montaña, aunque me considerase
   heredero de un movimiento botánico y del horizonte.

Resulta fácil congregar a la multitud y dispersarla con
   argumentos de satisfacción. Lo difícil, lo más difícil,
   es sentarse a tu lado.

Escribí un poema que no me pertenecía y me convertí
   en un poeta que no era yo, un poeta que me reescribió
   con mi complicidad.

«Los límites de un lenguaje son los límites de mi mundo.
   Un lenguaje puede dilatar los límites de ese mundo
   pero nunca puede salir de él», decía el poeta.

Yo manejaba conceptos primitivos de tiempo y no estaba
   preparado para hablar de presente, pasado o futuro:

Creía solo en la eternidad y esa creencia, una obsesión
   sin duda, se me instalaba en lugares carentes de
   cronología.

«La suspensión del tiempo es un autoengaño», insistía
   el poeta en repetir, confuso por la eternidad y por mi
   sombra.

---

[1] Los árboles emiten un zumbido respiratorio. La luz se hace más
brillante. / La voz no responde al estímulo de las palabras, como si
estuviese sometida a los efectos de una leucoplasia.

Comprendeu que só cabían dúas opcións se quería
    reterme: fragmentarme ou preservarme.

Preservar ocasionaba demasiadas obrigas, fantasmas,
    literatura vitimista, tumbas e ise tipo de
    obscenidades mortuorias.

O fragmento era máis práctico:

nil non hai cadáver.

Os meus fragmentos quedaron estrados polas toxeiras,
    procurando que distasen entre si máis de dous
    quilómetros,

pois a poderosa atracción da carne podía arrastrar a
    carne e reunir a carne coa carne que lle é propia,

pero dous quilómetros son demasiados quilómetros
    para que a carne se osme,

para que o fígado recoñeza o seu bazo e o pescozo lembre a
    conexión da súa cabeza.

A miña sombra, porén, seguía intacta. Aproveitando a
    noite, cando a escuridade é toda ela sombra,
    recuperou os fragmentos e compactounos coa rosada
    do brión.

Non podo dicir que sexa o mesmo ou que reaccione aos
    mesmos sentimentos e impulsos:

as cicatrices resultan evidentes e tamén as áreas
    onde a carne comezaba a estar tumefacta.

Comprendió que solo cabían dos opciones si quería
retenerme: fragmentarme o preservarme.

Preservar ocasionaba demasiadas obligaciones, fantasmas,
literatura victimista, tumbas y ese tipo de
obscenidades mortuorias.

El fragmento era más práctico:

en él no hay cadáver.

Mis fragmentos quedaron esparcidos por la maleza,
procurando que distasen entre sí más de dos
kilómetros,

pues la poderosa atracción de la carne podía arrastrar a
la carne y reunir la carne con la carne que le es propia,

pero dos kilómetros son demasiados kilómetros
para que la carne se husmee,

para que el hígado reconozca a su bazo y el cuello recuerde
la conexión de su cabeza.

Mi sombra, sin embargo, seguía intacta. Aprovechando la
noche, cuando la oscuridad es toda ella sombra,
recuperó los fragmentos y los compactó con el rocío
del musgo.

No puedo decir que sea el mismo o que reaccione a los
mismos sentimientos e impulsos:

las cicatrices resultan evidentes y también las áreas
donde la carne comenzaba a estar tumefacta.

Percíbese a palidez das pegadas exánimes e rixidez
    nalgunha articulación.

Pero cando recito os versos reencontran a claridade,
    incluso a que antes non existía:

a das voces que oín durante a miña desaparición.

Se percibe la palidez de las huellas exánimes y rigidez
en alguna articulación.

Pero cuando recito, los versos reencuentra la claridad,
incluso la que antes no existía:

la de las voces que oí durante mi desaparición.

Son un poeta dismoderno[2]. Un poeta sen embigo, antiplacentario, cosanguíneo.

Un poeta expulsado polo rotor das galaxias a este bruar poeirento. O po do ruído, a pólvora e a explosión.

O silencio do cosmos.

Evoluciono na dexeneración sintáctica cun corazón arrítmico, postsublime, transxenérico, intraecoico.

Poeta de corpo presente, cadáver que respira.

Expositor de melanomas radiados, de pulmóns que aspiraron a cadencia brutal da avaricia.

Precipítome a través da extinción en lunares de carne, imprentado polo berbequí do sol ao alivio dos boniteiros desaparecidos.

Son sombra de luz, como a sombra da auga, errante perseguido por un ogró que brúa e devora.

—

[2] A luz da boca entra en contacto co aire e descomponse en alustros flotantes. // *Sei que non me aman a min pero podo sentirme cómodo amándoos a iles.* /

Soy un poeta dismoderno[2]. Un poeta sin ombligo,
antiplacentario, consanguíneo.

Un poeta expulsado por el rotor de las galaxias y este
bramar polvoriento. El polvo del ruido, la pólvora
y la explosión.

El silencio del cosmos.

Evoluciono en la degeneración sintáctica con un corazón
arrítmico, postsublime, transgenérico, intraecoico.

Poeta de cuerpo presente, cadáver que respira.

Expositor de melanomas radiados, de pulmones que
aspiraron la cadencia brutal de la avaricia.

Me precipito a través de la extinción en lunares de carne,
impreso con el berbiquí del sol al alivio de los
boniteros desaparecidos.

Soy sombra de luz, como la sombra del agua, errante
perseguido por un ogro que crida y devora.

———

[2] La luz de la boca entra en contacto con el aire y se descompone
en ráfagas flotantes. / / *Sé que no me aman a mí pero puedo
sentirme cómodo amándolos a ellos.* /

Non fuxo, non volvo. Sempre estiven aquí, aínda no
momento gutural da amnesia, e reacciono.
Publícome, retórzome, pénsome.

Indixente apontoado de logins, en particular nervioso.

Alterado a nivel sensorial, por dentro branco, sen ise
espello de culpa que reflicte na culpa os nenos feos
e inocentes.

Son dismoderno, aclásico, perbiótico, exaculador, virxe
en cada coito, creación imperfecta e inquietante,

un máis dos miles de millóns de imprescindibles que
cruzamos a serra cos dentes limpos e contraemos
sarro.

Son verdadeiramente. Non transporto mensaxes.
Superei a estratexia do odio e o odio mesmo,

o odio enxendrado e o odio que se retroalimenta de odio,

pero conservo na memoria o que o odio significa e
comprendo a consecuencia efectiva da súa
obxectividade.

Son o liquidador de espectros, a vertente rebentada das
montañas, a fórmula sen custodios, o coleccionista
das palabras máis temidas:

expulsión, exclusión, exilio, secreción, paro,

lacra.

No huyo, no regreso. Siempre he estado aquí, incluso en
el momento gutural de la amnesia, y reacciono.
Me publico, me retuerzo, me pienso.

Indigente apuntalado de logins, en particular nervioso.

Alterado a nivel sensorial, por dentro blanco, sin ese
espejo de culpa que refleja en la culpa al niño feo
e inocente.

Soy dismoderno, aclásico, perbiótico, eyaculador, virgen
en cada coito, creación imperfecta e inquietante,

uno más de los miles de millones de imprescindibles que
cruzamos la sierra con los dientes limpios y
contrajimos sarro.

Soy verdaderamente. No transporto mensajes. He
superado la estrategia del odio y el odio mismo,

el odio engendrado y el odio que se retroalimenta de odio,

pero conservo en la memoria lo que el odio significa y
comprendo la consecuencia efectiva de su
objetividad.

Soy el liquidador de espectros, la vertiente reventada de
las montañas, la fórmula sin custodios, el coleccionista
de las palabras más temidas:

expulsión, exclusión, exilio, secreción, paro,

lacra.

[No hay representación sino un cuerpo que adquiere materialidades diversas en los efectos de la luz. / / La biografía es un ámbito que diluye la frontera entre la literatura y nosotros.]

[Non hai representación senón un corpo que adquire materialidades diversas nos efectos da luz. / / A biografía é un ámbito que dilúe a fronteira entre a literatura e nós.]

–Non bebín as apócemas da santidade ou o elixir que consagra aos soldados.

As miñas palabras non foron alleadas polas chacinerías ou polo dedo dos profetas.

Non emanaron do coñecedor completo nin anuncio o coñecedor completo.

Non me ofrecín a señor/señora ningunha.

Estou aquí pola urxencia.

–A ver...[3]

Es un poeta antigo?

Un poeta posestruturalista?

Un poeta limpacristais?

— No he bebido las pócimas de la santidad o el elixir que
   consagra a los soldados.

Mis palabras no han sido alienadas por las chacinerías
   o por el dedo de los profetas.

No emanaron del conocedor completo ni anuncio al
   conocedor completo.

No me ofrecí a señor/señora alguna.

Estoy aquí por la urgencia.

— A ver...[3]

¿Eres un poeta antiguo?

¿Un poeta postestructuralista?

¿Un poeta limpiacristales?

Un poeta becho?

–Non o negaría, pero tampouco. Conflúe niste instante o
   sangue transportando osíxeno

e a intuición xestándose nos brazos. A xustiza dos
   brazos. Os brazos. A medida humana dos brazos.

As mangas que os protexan do próximo inverno. Pero...
   Que modelo? Que tea? Que corte? Que patrón

que non quedase caduco se caduco é o patrón da
   próxima temporada e o patrón que deseñan
   para dentro de dúas temporadas

en escuros sotos de Bangladex, nas illas Caimán ou
   nunha cámara acoirazada da Avenue du Bourget?

–Si, si...Moi interesante...

Pero non podo evitar as dúbidas[4], a inquietude...

Como visten os poetas dismodernos?

Que comen os poetas dismodernos?

Onde viven os poetas dismodernos?

Cerca dos vertedoiros?

¿Un poeta bicho?

— No lo negaría, pero tampoco. Confluyen en este
    instante la sangre transportando oxígeno

y la intuición gestándose en los brazos. La justicia de los
    brazos. Los brazos. La medida humana de los brazos.

Las mangas que los protejan del próximo invierno. Pero…
    ¿Qué modelo? ¿Qué tela? ¿Qué corte? ¿Qué patrón

que no haya quedado obsoleto si obsoleto es el patrón de
    la próxima temporada y el que diseñan para dentro
    de dos temporadas

en los oscuros sótanos de Bangladesh, en las islas Caimán
    o en una cámara acorazada de la Avenue du Bourget?

— Sí, sí… Muy interesante…

Pero no puedo evitar las dudas [4], la inquietud…

¿Cómo visten los poetas dismodernos?

¿Qué comen los poetas dismodernos?

¿Dónde viven los poetas dismodernos?

¿Cerca de los vertederos?

Nas trincheiras?

Ou en pisos de luxo?

É certo que os poetas dismodernos combaten

identidades integradoras que os integran

en identidades que non queren ser?

Que absurdo!

Pero ti quen querías ser?

Quen criches que eras?

–Iles están armados.

Vattimo vestía camisa azul e vaqueiros cando anunciou
   en Pontevedra –1989– a inminente derruba da URSS.

Os gardas da ortodoxia comunista atacárono con saña:
   «Se foses polo menos como Passolini!

Il si! Il si que se inspiraba nas raigañas do pobo: nas
   saunas e nos urinarios!

Pero ti, Vattimo, ti... Que clase de comunista es ti que
   só falas de pesimismo?»

¿En las trincheras?

¿O en pisos de lujo?

¿Es cierto que los poetas dismodernos combaten

identidades integradoras que los integran

en identidades que no quieren ser?

¡Qué absurdo!

¿Pero tú quién querías ser?

¿Quién creías que eras?

— Ellos están armados.

Vattimo vestía camisa azul y vaqueros cuando anunció en
Pontevedra —1989— el inminente derribo de la URSS.

Los guardianes de la ortodoxia comunista lo atacaron
con saña: "¡Si fueses por lo menos Passolini!

¡Él sí! Él sí que se inspiraba en las raíces del pueblo: ¡en
las saunas y en los urinarios!

Pero tú, Vattimo, tú... ¿Qué clase de comunista eres tú
que solo hablas de pesimismo?"

Ninguén está disposto a morrer pola sociedade do
    benestar, pero hai millóns de persoas neste momento
    que se inmolarían

por Alá, por Cristo, por Estados Unidos, por España,
    polo Real Madrid ou polo k-pop:

Zygmunt Bauman en chaqueta de pano gris e xersei
    negro de pescozo volto.

Sol LeWitt —abrigo cheviot ocre e camisa granate—
    escribiulle a Eva Hesse:

«A pesar de que te estás atormentando, o que fas
    é moi bo. Non te preocupes polo frío: constrúe a túa
    propia ausencia de frío».

Marina Abramovic —completamente espida— leu a
carta ás seis da mañá na Ulloa e sentenciou:

«o importante non é o que fas, senón o que sentes
    mentres o fas».

Eu estou aquí pola urxencia.

–Que simpático! [5]

A urxencia!

Nadie está dispuesto a morir por la sociedad del
bienestar, pero millones de personas se inmolarían
en este momento

por Alá, por Cristo, por Estados Unidos, por España,
por el Real Madrid o por el k-pop:

Zygmunt Bauman en chaqueta de paño gris y jersey
negro de cuello vuelto.

Sol LeWitt —abrigo cheviot ocre y camisa granate—
le escribió a Eva Hesse:

«A pesar de que te estás atormentando, lo que haces
es muy bueno. No te preocupes por el frío: construye
tu propia ausencia de frío».

Marina Abramovic —completamente desnuda— leyó la
carta a las seis de la mañana en la Ulloa y sentenció:

«lo importante no es lo que hagas, sino lo que sientes
mientre lo haces».

Yo estoy aquí por la urgencia.

— ¡Qué simpático!

¡La urgencia!

Pregúntome canto tempo empregarías en atopar

ise término tan... hospitalario.

Úrxenlle, por sobreexposición, as cremas protectoras

aos poetas dismodernos?

Canto tardarán os poetas dismodernos

en contraer un melanoma

ou en ser devorados

polo natural desenvolvemento

do seu potencial asimilable?

Sabes unha cousa?

Queres que che diga o que penso?

Sabes o que penso?

Queres que cho diga?

Ao final, o poeta dismoderno

é un poeta hipocondríaco...

[Niste punto, elimino do meu discurso uns versos sobre
a aparición dun herpes no peito. Imaxino que ninguén
os escoitará nunca e que acabarei por esquecelos. «Serán
materia metamérica», penso, «após unha aplicación
antiherpética»]

Me pregunto cuánto tiempo emplearías en encontrar

ese término tan... hospitalario.

¿Le urgen, por sobreexposición, las cremas protectoras

a los poetas dismodernos?

¿Cuánto tardarán los poetas dismodernos

en contraer un melanoma

o en ser devorados

por el natural desarrollo

de su potencial asimilable?

¿Sabes una cosa?

¿Quieres que te diga lo que pienso?

¿Sabes lo que pienso?

¿Quieres que te lo diga?

Al final, el poeta dismoderno

es un poeta hipocondríaco...

[En este punto, elimino de mi discurso unos versos sobre la aparición de un herpes en el pecho. Imagino que nadie los escuchará nunca y que acabaré por olvidarlos. «Serán materia metamérica», pienso, «después de una aplicación antiherpética»]

–Antiherpética![6]

Cada vez estás máis preto da hipocondría!

Estás fatal.

Estás enfermo.

Estás peor que enfermo.

Estás en coma mental.

Estás enfermo.

–«Estás enfermo», insisten. Eu estou aquí pola urxencia. Iles están armados.

----

[3] O corpo sobarda os seus límites físicos.

[4] Recréase na súa inmensidade.

[5] As súas extremidades son xigantescas. Tamén as súas gargalladas.

[6] A gargallada é unha forma de acusación.

— ¡Antiherpética! [6]

¡Cada vez estás más cerca de la hipocondría!

Estás fatal.

Estás enfermo.

Estás peor que enfermo.

Estás en coma mental.

Estás enfermo.

— «Estás enfermo», insisten. Yo estoy aquí por la urgencia. Ellos están armados.

---

[3] El cuerpo sobrepasa sus límites físicos.

[4] Se recrea en su inmensidad.

[5] Sus extremidades son gigantescas. También sus carcajadas.

[6] La carcajada es una forma de acusación.

Eu tamén estaba alí aquil día, cando Boris Groys dixo
que o contexto da vangarda mutara no contexto
das súas cifras.

Groys non mostraba indignación. Simplemente
constataba un feito para il «obxectivo»: os números
substituíran os comentarios.

Podía falarse de obras de arte ou conviña referirse a
un caranguexo de caparazón corporativo,

unha estrutura que aglutinaba, de xeito indisoluble, a
obra de arte e a súa estatística?

Quedara fóra desa lóxica o poema ou o poema nunca
fora obra de arte?

As proxeccións intelectuais arrombáranse no cuarto
dos trastos, xunto co antigo espremedor manual de
limóns,

e no seu lugar aparecera a licuadora do determinismo
numérico.

Yo también estaba allí aquel día, cuando Boris Groys dijo que el contexto de la vanguardia había mutado en el contexto de sus cifras.

Groys no mostraba indignación. Simplemente constataba un hecho para él «objetivo»: los números habían sustituido a los comentarios.

¿Podía hablarse de obras de arte o convenía referirse a un cangrejo de caparazón corporativo,

una estructura que aglutinaba, de manera indisoluble, la obra de arte y su estadística?

¿Había quedado fuera de esa lógica el poema o el poema nunca había sido obra de arte?

Las proyecciones intelectuales se habían abandonado en el cuarto de los trastos, junto al antiguo exprimidor manual de limones,

y en su lugar había aparecido la licuadora del determinismo numérico.

Os periodistas usábana nas roldas de prensa para
    xustificar a súa presenza, a presenza do
    comparecente e a propia necesidade do ritual
    profesional.

Eu estaba alí, observando como uns e outros xogaban co
    resentimento das masas,

observando como uns e outros refacían nas masas os
    gustos e como despois presumían de seren iles

os que se adaptaban aos gustos da masa –gustos
    realmente os únicos existentes.

Debe un poeta seguir construíndo nasas de aire co
    material máis fráxil da natureza –os círculos do
    non-ser–

ou debe estimar as equivalencias interdependentes
    entre a estatística da masa e a estatística da arte?

Debe concibir o poema en parámetros mensurables ou
    deixar que o poema vaia máis alá da liña sen retorno,

que mesmo se extravíe e non volvamos ter noticias dil?

Debe oír o poeta ao pobo ou debe oírse a si mesmo?

Existe aínda o pobo ou o pobo foi ocupado polo
    estándar dun modelo predictivo?

Los periodistas la usaban en ruedas de prensa para
    justificar su presencia, la presencia del
    compareciente y la propia necesidad del ritual
    profesional.

Yo estaba allí, observando cómo unos y otros jugaban
    con el resentimiento de las masas,

observando cómo unos y otros rehacían entre las masas
    el gusto y cómo después presumían de ser ellos

los que se adaptaban a los gustos de la masa —
    realmente los únicos gustos existentes.

¿Debe un poeta seguir construyendo nasas en el aire con
    el material más frágil de la naturaleza —los círculos
    del no-ser—

o debe estimar las equivalencias interdependientes
    entre la estadística de la masa y la estadística del arte?

¿Debe concebir el poema en parámetros mesurables o
    dejar que el poema vaya más allá de la línea sin retorno,

que incluso se extravíe y no volvamos a tener noticias
    suyas?

¿Debe oír el poeta al pueblo o debe oírse a sí mismo?

¿Existe todavía el pueblo o el pueblo ha sido ocupado
    por el estándar de un modelo predictivo?

Nise estándar, o poeta atópase no rincón do *gourmet*,
nos supermecados de marcas brancas ou nos estoxos
da seguridade social, apartado Trankimazin?

Debe o poeta exporse ou ser un francotirador?

Debe ocultarse ou volverse invisible, alleo á toxicidade
publicitaria?

Debe o poeta deber

ou debe deber nada?

Poeta e deber son incompatibles? Debe ser o poeta
incompatible con algo? Debe ser compatible?

Ser e deber son compatibles?

Cantos cadáveres deben pasar por diante para que
deixemos de pensar que un de nós, calquera de nós,
podería salvarse?

¿En ese estándar, el poeta se encuentra en el rincón del
    gourmet, en los supermercados de marcas blancas o
    en las estanterías de la seguridad social, apartado
    Trankimazin?

¿Debe el poeta exponerse o ser un francotirador?

¿Debe ocultarse o volverse invisible, ajeno a la toxicidad
    publicitaria?

¿Debe el poeta deber

o debe deber nada?

¿Poeta y deber son incompatibles? ¿Debe el poeta ser
    incompatible con algo? ¿Debe ser compatible?

¿Ser y deber son compatibles?

¿Cuántos cadáveres deben pasarnos por delante para
que dejemos de pensar que uno de nosotros, cualquiera
de nosotros, podría salvarse?

[En el rostro solo hay una boca: / el pánico]

[No rostro só hai unha boca: / o pánico]

Tienen el mercado de futuros y   disparan

Disparan

Eligen a las víctimas al azar,   Dispara

sucesivamente:

Las aíslan, las asedian

Dejan que las víctimas se alejen

Disparan   Disparan

Disparan   Disparan   D

Disparan   Disparan

El miedo es una idea que encaja en la cabeza como el sueño enc
en los niños

Disparan   Disparan

Disparan   Di

Disparan

Disparan

ran

Disparan

Disparan   Disparan

lisquean sus piernecitas y las víctimas aceleran

ndo las víctimas creen que pueden escapar disparan

Disparan desde todas partes y las víctimas tienen miedo

Ellos lo saben   y   disparan   Disparan Disparan

Disparan

Creen que el que sobrevive está más cerca de la inmortalidad

[Espacio de violencia]

[/Ad lib / respiración .... / .... / .... /.... / .... / .... /

.... / .... / .... /.... / .... / .... / .... / .... /

.... / .... / .... /.... / .... / .... / .... / .... / ....]

Uso a lingua que todos comprenden, a lingua natural,
    a lingua roxa, a do sangue,

a que foi árbore, coito e seme antes de ser lingua.

Compréndena incluso os que se desdín da lingua
    con palabras heroicas,

apegada a lingua aos pelos do nariz en amálgama de
    lixo, po e mocos.

Asóanse con panos de man, extraen o lixo, gardan
    o pano de man no peto e a lingua séguelles tocando
    o nariz,

porque o nariz é para desbotar as partículas en
    suspensión e manter intacta a materia respiratoria.

É a lingua que comprenden mesmo os que non a
    recoñecen ou os que a recoñecen en complexas
    diccións arcaicas

ou os que a concibiron en grafías de supletorio telefónico.

Lingua albornoz, lingua rescatada, lingua cerrata, lingua
isolata, lingua mamaria, lingua estorbo, lingua renegrida,
lingua furiosa, lingua de minifundio, lingua ín-ti-ma,

Uso la lengua que todos comprenden, la lengua natural,
la lengua roja, la de la sangre,

la que fue árbol, coito y semen antes de ser lengua.

La comprenden incluso los que se desdicen de la lengua
con palabras heroicas,

apegada la lengua a los pelos de la nariz en amalgama de
cochambre, polvo y mocos.

Se suenan con pañuelos, extraen la cochambre, guardan
el pañuelo en el bolsillo y la lengua les sigue tocando
la nariz,

porque la nariz es para desechar partículas en
suspensión y mantener intacta la materia respiratoria.

Es la lengua que comprenden incluso los que no la
reconocen o los que la reconocen en complejas
dicciones arcaicas

o los que la concibieron en grafías de supletorio telefónico.

Lengua albornoz, lengua rescatada, lengua cerrata, lengua isolata, lengua mamaria, lengua estorbo, lengua renegrida, lengua furiosa, lengua de minifundio, lengua lingua migrante, lingua bosta, lingua docísima, lingua analfabeta, lingua morta, lingua de poetas, lingua radical, lingua politizada, lingua excluínte, lingua bomba, lingua bruta,

lingua castigada como polbo fresco no peirao de Ons para deleite de turistas.

Lingua á que lle acirraron a liberdade en contra para que a liberdade lle ladre, histérica, á lingua cando a lingua se escribe:

guau-guau-guau-guau-guau-guau-guau-guau / impostora /.

ín-ti-ma, lengua migrante, lengua bosta, lengua dulcísi-
ma, lengua analfabeta, lengua muerta, lengua de poetas,
lengua radical, lengua politizada, lengua excluyente, len-
gua bomba, lengua bruta,

lengua castigada como pulpo fresco en el muelle de Ons
    para deleite de turistas.

Lengua a la que le pusieron la libertad en contra para que
    la libertad le ladre, histérica, a la lengua cuando la
    lengua se escribe:

guau-guau-guau-guau-guau-guau-guau-guau / impostora /.

Son un poeta disconforme, dismoderno, comprensible, dis.[7]

Un poeta que caiu dos espellos. Que se queima ao sol. Que ten herpes.

Un poeta que sintetiza ladridos. Un poeta que bocexa cos teólogos. Un poeta acusado de delincuencia.

Poeta infecto. Poeta imprudente. O corazón da Concepción Inmaculada cos peitos espidos.

As pernas da Concepción Inmaculada. O seu fillo, confirmación dunha virxindade perenne.

As mamilas avultadas herdeinas dela e tamén a lingua, comprensible para todos, incluso para os que padecen conxestión nasal.

Coma ti, fun desviado do futuro pola adaptación da especie á especulación da violencia. Futuro

transferido a unha eternidade allea onde se xesta niste instante a próxima barbarie.

Concepción Inmaculada,

dirixe os teus peitos cara a iles. Afógaos co teu leite.

---

[7] *As pingas de suor forquearon a luz nun arco irisado.*

Soy un poeta disconforme, dismoderno, comprensible,
dices.[7]

Un poeta que se cayó de los espejos. Que se quema al sol.
Que tiene herpes.

Un poeta que sintetiza ladridos. Un poeta que bosteza con
los teólogos. Un poeta acusado de delincuencia.

Poeta infecto. Poeta imprudente. El corazón de la
Concepción Inmaculada con los pechos desnudos.

Las piernas de la Concepción Inmaculada. Su hijo,
confirmación de una virginidad perenne.

Los pezones abultados los he heredado de ella y también
la lengua, comprensible para todos, incluso para los
que padecen congestión nasal.

Como tú, fui desviado del futuro por la adaptación de la
especie a la especulación de la violencia. Futuro

transferido a una eternidad ajena donde se gesta en este
instante la próxima barbarie.

Concepción Inmaculada,

dirige tus pechos hacia a ellos. Ahógalos con tu leche.

---

[7] *Las gotas de sudor dieron forma de horquilla a la luz en un arco
irisado.*

2

La oscuridad es completa pero las nubes transitan
en ráfaga por el estómago, como hélices
de un escuadrón aéreo en operación nocturna.
«Watches situation on ground (...) Receives tentative
confirmation of unpositive identification».

2

A escuridade é completa pero as nubes transitan
en alustro polo estómago, como hélices
dun escuadrón aéreo en operación nocturna.
«Watches situation on ground (...) Receives tentative
confirmation of unpositive identification».

A casa foi saqueada pero ignoro o momento exacto do
saqueo porque a casa quedou intacta

e estreméceme a idea de que vivise na casa tras o saqueo
sen percibilo.

Quizais tamén fun saqueado e alguén me utiliza para
narrar outra orixe.

Quizais alguén manexa as miñas palabras noutra lingua.

Cando onte quixen escribir no ordenador «son un poeta
disconforme, dismoderno, a sétima lei da
termodinámica»,

o ordenador escribiu, «son un poeta consecuente,
moderno, e comprobei que unha oquidade no baleiro
é unha partícula de carga positiva».

Levantei os dedos do teclado e o teclado seguiu a
escribir as súas proposicións.

/ Ex encofrador, ex obreiro do metal, ex Navantia, ex
periodista, ex minorista, ex deseñador gráfico, ex labrego,

La casa fue saqueada pero ignoro el momento exacto del saqueo porque la casa está intacta

y me estremece la idea de que haya vivido en la casa tras el saqueo sin haberlo percibido.

Quizá también fui saqueado y alguien me utiliza para narrar otro origen.

Quizá alguien maneja mis palabras en otra lengua.

Cuando ayer quise escribir en el ordenador «soy un poeta disconforme, dismoderno, la séptima ley de la termodinámica»,

el ordenador escribió, «soy un poeta consecuente, moderno, y he comprobado que una oquedad en el vacío es una partícula de carga positiva».

Levanté los dedos del teclado y el teclado siguió escribiendo sus proposiciones.

/ Ex encofrador, ex obrero del metal, ex Navantia, ex periodista, ex minorista, ex diseñador gráfico, ex agricultor, ex conector de mundos, ex linotipista, ex normalizador, ex gramático, ex sedutor por libre, ex xardiñeiro, ex ferroviario, ex decorador de interiores, ex modista, ex enfermeira, ex gandeiro, ex pedagogo de integración, ex comunista, ex sindicalista, ex investigador de laboratorios de neuroloxía, ex arqueólogo, ex leiteiro. /

Quixen escribir «son un poeta que frecuenta as calellas, as farmacias, os bosques, os antros nocturnos, as tabernas.

Un poeta que analiza os recursos literaturizados das mensaxes gravadas coas que alertan das probabilidades de catástrofe» e o ordenador escribiu «son spam».

Mireime no espello e o espello estaba oxidado.[8]

O neno que ingresaron no hospital de Cee tiña seis meses e presentaba signos evidentes de violencia:

mazaduras, un ollo inchado, unha costela rota...Os médicos non puideron facer nada

e o pai acabou por confesar: choraba tanto o neno, eran tan insoportables os berros do neno,

que comezou a bater nil. Non lembraba durante canto tempo nin con que grao de violencia,

———

[8] *O avión apróximase ao obxectivo. A lúa sae entre as nubes e ilumina o aceiro da fuselaxe.*

ex conector de mundos, ex linotipista, ex normalizador, ex gramático, ex seductor por libre, ex jardinero, ex ferroviario, ex decorador de interiores, ex modista, ex enfermero, ex ganadero, ex pedagogo de integración, ex comunista, ex sindicalista, ex investigador de laboratorios de neurología, ex arqueólogo, ex lechero. /

Quise escribir «soy un poeta que frecuenta los callejones, las farmacias, los bosques, los antros nocturnos, las tabernas.

Un poeta que analiza los recursos literaturizados de los mensajes grabados con los que alertan de las probabilidades de catástrofe» y el ordenador escribió «soy spam».

Me miré en el espejo y el espejo estaba oxidado.[8]

El niño al que ingresaron en el hospital de Cee tenía seis meses y presentaba signos evidentes de violencia:

moratones, un ojo hinchado, una costilla rota... Los médicos no pudieron hacer nada

y el padre acabó por confesar: lloraba tanto el niño, eran tan insoportables los gritos del niño,

que empezó a golpearlo. No recordaba durante cuánto tiempo ni con qué grado de violencia,

———

[8] *El avión se aproxima al objetivo. La luna sale entre las nubes e ilumina el acero del fuselaje.*

◆ 63

pero «tampouco debeu de ser tanto», recapacitou. A nai
non viu nada estraño na reacción do seu marido:

a ela doíalle a cabeza e pareceulle lóxica. O que non
esperaba era aquil desenlace:

nun momento determinado, o neno deixara de chorar.
Agora os dous están destrozados

e entre impos declaran que van doar os órganos do
neno. Queren salvar «algún dises pobres
nenos que hai por aí», dinlle á policía.

Desde un hospital nodal reclaman de inmediato o
corazón do neno, o fígado do neno, os riles do neno,
os ollos do neno.

O ordenador escribiu «cómpre esquecer para deixar
espazo ás cousas verdadeiramente importantes.

O beneficio da infelicidade é unha certa liberdade».

pero «tampoco debió de ser tanto», recapacitó. La madre
no había visto nada extraño en la reacción de su
marido:

a ella le dolía la cabeza y le pareció lógica. Lo que no
esperaba era aquel desenlace:

en un momento determinado, el niño había dejado de
llorar. Ahora los dos están destrozados

y entre hipidos declaran que van a donar los órganos del
niño. Quieren salvar a «alguno de esos
pobres niños que hay por ahí», le dicen a la policía.

Desde un hospital nodal reclaman de inmediato el
corazón del niño, el hígado del niño, los riñones
del niño, los ojos del niño.

El ordenador escribió «es necesario olvidar para dejar
espacio a las cosas verdaderamente importantes.

El beneficio de la infelicidad es una cierta libertad».

[El corazón es fibrilante, / *deep-house* hipnótico. / El latido invade los ámbitos comunales y familiares, las habitaciones y los armarios. / Acaricio las paredes y los muros. Arrastro los dedos con delicadeza para evitar las erosiones. / Pero la sangre resulta inevitable.]

[O corazón é fibrilante, / *deep-house* hipnótico. / O latexo invade os ámbitos comunais e familiares, os cuartos e os armarios. / Acarexo as paredes e os muros. Arrastro os dedos con delicadeza para evitar as erosións. / Pero o sangue resulta inevitable.]

Pretendo mirar cara ao horizonte, como se o horizonte
fose unha benzodiacepina, e non podo.

Todos os meus amigos quedaron no paro, incluso os
de máis altos ideais,

os que entregaron os mellores anos da xuventude ao
espazo común do amor e da liberdade.

Algúns chegamos ao bordo da indixencia e sobrevivimos
de repregarnos.

Outros fixémonos adictos ás webs porno e viramos
seres de leite ante as pantallas.

Visítoos un a un e recíbenme con hiperactividade,
demerxidos nun complexo catálogo de deberes que
nos evite rompernos.

Quedamos estrados pola xeografía do país en
eremitarios de resistencia,

dobregados polo interferón, pola reforma laboral, polo
ceo dos anos ou polo repudio.

Pretendo mirar hacia el horizonte, como si el horizonte
   fuese una benzodiacepina, y no puedo.

Todos mis amigos se han quedado en el paro, incluso los
   de más altos ideales,

los que entregaron los mejores años de su juventud al
   espacio común del amor y de la libertad.

Algunos hemos llegado al borde de la indigencia y
   sobrevivimos a base de replegarnos.

Otros nos hemos hecho adictos a las webs porno y nos
   convertimos en seres de leche ante las pantallas.

Los visito uno a uno y me reciben con hiperactividad,
   sumergidos en un complejo catálogo de deberes que
   nos evite rompernos.

Quedamos esparcidos por la geografía del país en
   eremitorios de resistencia,

doblegados por el interferón, por la reforma laboral, por el
   cielo de los años o por el repudio.

Por esa eficaz táctica gravitatoria que desaloxa os
   inquedos, encaixa os rebeldes e seda os
   contrariados.

«A adrenalina da modernidade deixounos exhaustos»,
   penso ao contemplarnos, acabados de barbear,

amarrados á nosa vella roupa impecable como última
   concesión á disciplina social.

Dígolles que somos dismodernos e iles rin.
   Considéranme outro parado excéntrico en evasión
   enxeñosa.

Eu quero marchar antes de que me convenzan e iles,
   nerviosos, queren que marche antes de que os
   convenza.

Rebentáronnos desde dentro.

Eu querería dicirlles «sigamos xuntos antes de que nos
   convenzan» e iles parece que queren dicir

«que non nos convenzan». Pero a voz é débil e temos
   tantas cousas que facer...

Por esa eficaz táctica gravitatoria que desaloja a los inquietos, encaja a los rebeldes y seda a los contrariados.

«La adrenalina de la modernidad nos ha dejado exhaustos», pienso al contemplarnos, recién afeitados,

amarrados a nuestra vieja ropa impecable como última concesión a la disciplina social.

Les digo que somos dismodernos y ellos se ríen. Me consideran otro parado excéntrico en evasión ingeniosa.

Yo me quiero marchar antes de que me convenzan y ellos, nerviosos, quieren que me marche antes de que los convenza.

Nos han reventado desde dentro.

Yo querría decirles «sigamos juntos antes de que nos convenzan» y ellos parece que quieren decir

«que no nos convenzan». Pero la voz es débil y tenemos tantas cosas que hacer...

[O dedo corazón agrétase tras sete días de acariciar os / valados das aldeas abandonadas / en Augacaída, pola fricción do granito en Compostela / e as gravuras nos acantilados do Facho, / polos gumes da lousa nas covas lacustres de Lóuzara e os socalcos de Sacardebois. / *Os fillos tecen e destecen alianzas coa nai. / A filla é tamén nai e tece sobredimensións nos seus fillos que –sobredimensionados– / non a ven: / só se ven a si mesmos, / grandes, enormes, con coxas de cabalo que rebentarán o espiñazo do xinete se lle caen / enriba. / Iles, á súa vez, tecen e destecen estratexias cos seus propios fillos, / infundidos de adoración instintiva. A madeixa daría para un abrigo / e o abrigo podería chegar aos pés / pero á noite destecen o que tecen de día / e un día sóbralle manga / / e outro día o abrigo parece unha soga*]

El dedo corazón se agrieta tras siete días de acariciar / los cercados de las aldeas abandonadas / en Augacaída, por la fricción del granito en Compostela / y los grabados en los acantilados del Facho, / por los filos de la pizarra en las cuevas lacustres de Lóuzara y los bancales de Sacardebois. / *Los hijos tejen y destejen alianzas con la madre. / La hija es también madre y teje sobredimensiones en sus hijos que —sobredimensionados— / no la ven: / solo se ven a sí mismos, / grandes, enormes, con los muslos de caballo que reventarán el espinazo del jinete si se le caen / encima. / Ellos, a su vez, tejen y destejen estrategias con sus propios hijos, / infundidos de adoración instintiva. La madeja daría para un abrigo / y el abrigo podría llegar a los pies / pero a la noche destejen lo que tejen de día / y un día le sobra manga / / y otro día el abrigo parece una soga*]

Bicounos. Anulou as súas citas para atendernos.

Deunos de comer cos dedos —coa xema dos seus
    dedos— para saborear a pequenos bocados o
    esbruízo suntuoso da comida,

para que lle mordésemos os dedos antes de mordernos
    nós, para aprender a non morder,

para distinguir a materia inerme —nutritiva— da
    materia nutricia.

Seres bifrontes. Dativos obedientes da constelación
    familiar. Obesidades que tragan.

Nos besó. Anuló sus citas para atendernos.

Nos dio de comer con los dedos —con la yema de sus
    dedos— para saborear a pequeños bocados el
    torrente suntuoso de la comida,

para que le mordiésemos los dedos antes de mordernos a
    nosotros mismos, para aprender a no morder,

para distinguir la materia inerme —nutritiva— de la
    materia nutricia.

Seres bifrontes. Dativos obedientes de la constelación
    familiar. Obesidades que tragan.

[A erosión na xema dos dedos, / provocada polos xistos na casa deshabitada do pai, / alíviase nos couselos que medraron no encintado das pedras.

[La erosión en la yema de los dedos, / provocada por los esquistos en la casa deshabitada del padre, / se alivia en las ombligueras que crecieron sobre el encintado de las piedras.]

[O dedo anular comeza a sangrar cando roza os cantos fluviais da casa onde viviu a nai. / Só quedan os muros exteriores e trazas / das troneiras e da antiga torre defensiva, / que acabaron usando de palleira / /]

Acariciei os muros da patria.

[El dedo anular empieza a sangrar cuando roza los cantos fluviales de la casa donde vivió la madre. / Solo quedan los muros exteriores y trazas / de las troneras y de la antigua torre defensiva, / que acabaron usando como pajar / /]

Acaricié los muros de la patria.

[Os cinco dedos da man dereita en carne viva]

[Los cinco dedos de la mano derecha en carne viva]

3

*En los alrededores de la estación de autobuses, en un rincón sin
transeúntes, se reúnen los emigrantes magrebíes y los parados.
Se acumulan cartones de vino y latas de cerveza. / / Las
voces, ondulantes y glutinosas, fermentan en las paredes y
crean ilusiones de posesión.*

3

*Nos arredores da estación de autobuses, nun recanto sen
transeúntes, reúnense os emigrantes magrebís e os parados.
Acumúlanse cartóns de viño e latas de cervexa. / / As
voces, ondulantes e glutinosas, fermentan nas paredes e
crean ilusións de posesión.*

Cítome con outro poeta dismoderno que, coma min, foi
antes moderno —salvaxe— e acabou con herpes.

O outro poeta dismoderno —unha muller— pregúntame
se sei algo dos sufís.

Ela quere ser sufí, asaltar os camiños, partir cara ao lugar
da inexistencia, buscar en actitude provocadora o
invisible

e non mirar atrás.

Cólloa dos ombros e imos polas tabernas.

Como ela é grande e redonda, con peitos nutricios e
turxescentes, o seu corpo resiste mellor a paixón do
viño

e son eu o que primeiro se desprende da alma carnal
—Como satisfacer un corpo que non está disposto a
morrer?

Logo é o outro poeta dismoderno —a muller— a que
se embriaga.

Golpéase na confusión do ceo e viaxa polas seis
direccións da luz:

«O amado abandonou o xardín e a cidade. Búscao nas
montañas, nas listas do SEPE

ou nas discotecas da periferia».

Me cito con otro poeta dismoderno que, como yo, fue antes moderno —salvaje— y acabó con herpes.

El otro poeta dismoderno —una mujer— me pregunta si sé algo de los sufís.

Ella quiere ser sufí, asaltar caminos, partir hacia el lugar de la inexistencia, buscar en actitud provocadora lo invisible

y no mirar atrás.

La cojo de los hombros y nos vamos por las tabernas.

Como ella es grande y redonda, con pechos nutricios y turgentes, su cuerpo resiste mejor la pasión por el vino

y soy yo el primero que se desprende del alma carnal —¿Cómo satisfacer un cuerpo que no está dispuesto a morir?

Después es el otro poeta dismoderno —la mujer— quien se embriaga.

Se golpea en la confusión del cielo y viaja por las seis direcciones de la luz:

«El amado ha abandonado el jardín y la ciudad. Búscalo en las montañas, en las listas del SEPE

o en las discotecas de la periferia».

[O local é unha fábrica en desuso. Hai luces rotatorias, que improvisan atmosferas *lounge*. Predomina o vermello intenso. Os asistentes bailan ou están sentados en palés reconvertidos a sofás con teas e coxíns que imitan a pel dos leopardos. Todos miran periodicamente os móbiles. Reciben mensaxes ou notificacións, suben información ás redes de contidos ou fan consultas. Beben. Algúns fuman. Semella que os pulmóns non lles abastarán para consumir o cigarro nunha soa calada, pero o cigarro enteiro é, ao final, un cilindro candente / / *Falo de corpos. / Iles de armaduras. Corpos comúns para fundar / as diferenzas da identidade. / Identidades. / Corpos. / Corpos / e armaduras.*]

[El local es una fábrica en desuso. Hay luces rotatorias que improvisan atmósferas *lounge*. Predomina el rojo intenso. Los asistentes bailan o están sentados en palés reconvertidos en sofás con telas y cojines que imitan la piel de los leopardos. Todos miran periódicamente los móviles. Reciben mensajes o notificaciones, suben información a las redes de contenidos o hacen consultas. Beben. Algunos fuman. Parece que los pulmones no les bastarán para consumir el cigarro en una sola calada, pero el cigarro entero es, al final, un cilindro candente / / *Hablo de cuerpos. / Ellos, de armaduras. Cuerpos comunes para fundar / las diferencias de la identidad. / Identidades. / Cuerpos. / Cuerpos / y armaduras.*]

Preséntome como Sabugueiro e os interlocutores cren
que Sabugueiro é un núcleo rural, probablemente
con tractores

e cultivos de millo transxénico para as granxas de vacún,
estea o vacún destinado ao sacrificio ou ao leite.

Algún, incluso, asegura coñecer un Sabugueiro cerca das
Encrobas pero ninguén o identifica cunha árbore,

e iso que o sabugueiro está en todas partes, engastado
á memoria familiar da paisaxe.

Atribúo o lapso á amnesia acolledora da sintaxe
ocupante e explícolles que o sabugueiro ten flores
brancas en acio,

tradúzolles o nome ao castelán —*saúco*—, ao inglés
—*elder*—, e os interlocutores tampouco distinguen
de que se trata

se ben identifican *saúco* cunha especie vexetal. *Elder* nin
lles soa.

Me presento como Sabugueiro y los interlocutores creen
que Sabugueiro es un núcleo rural, probablemente
con tractores

y cultivos de maíz transgénico para las granjas de vacuno,
esté el vacuno destinado al sacrificio o a la leche.

Alguno, incluso, asegura conocer un Sabugueiro cerca de
las Encrobas pero nadie lo identifica con un árbol,

y eso que el *sabugueiro* está en todas partes, engastado en
la memoria familiar del paisaje.

Atribuyo el lapsus a la amnesia acogedora de la sintaxis
ocupante y les explico que el *sabugueiro* tiene flores
blancas en racimo,

les traduzco el nombre al castellano —*saúco*—, al inglés
—*elder*—, y los interlocutores tampoco distinguen
de qué se trata

si bien identifican *saúco* como especie vegetal. *Elder* ni
les suena.

Eu non podo evitar informalos: o sabugueiro é a primeira
    árbore que nace na casa cando a casa queda
    deshabitada.

As flores secas do sabugueiro eliminan os herpes e en
    tisana relaxan os estados confusos da mente.

O moquillo dos cans cúrase cun colar de sabugueiro

e de sabugueiro é a variña máxica máis cobizada de
    Harry Potter. En realidade, todas as variñas máxicas
    da historia son de sabugueiro desde os druídas.

Os interlocutores amosan certo interese por Harry Potter
    —a maioría viu as películas— e cambian de tema:

prefiren saber a miña idade, canto mido, canto me mide,
    canto peso...

—Que posturas practicas?

Yo no puedo evitar informarlos: el saúco es el primer
   árbol que nace en una casa cuando la casa queda
   deshabitada.

Las flores secas del saúco eliminan los herpes y en tisana
   relajan los estados confusos de la mente.

El moquillo de los perros se cura con un collar de saúco

y de saúco es la varita mágica más codiciada de Harry
   Potter. En realidad, todas las varitas mágicas de la
   historia son de saúco desde los druidas.

Los interlocutores muestran cierto interés por Harry
   Potter —la mayoría ha visto las películas— y
   cambian de tema:

prefieren saber mi edad, cuánto mido, cuánto me mide,
   cuánto peso...

—¿Qué posturas practicas?

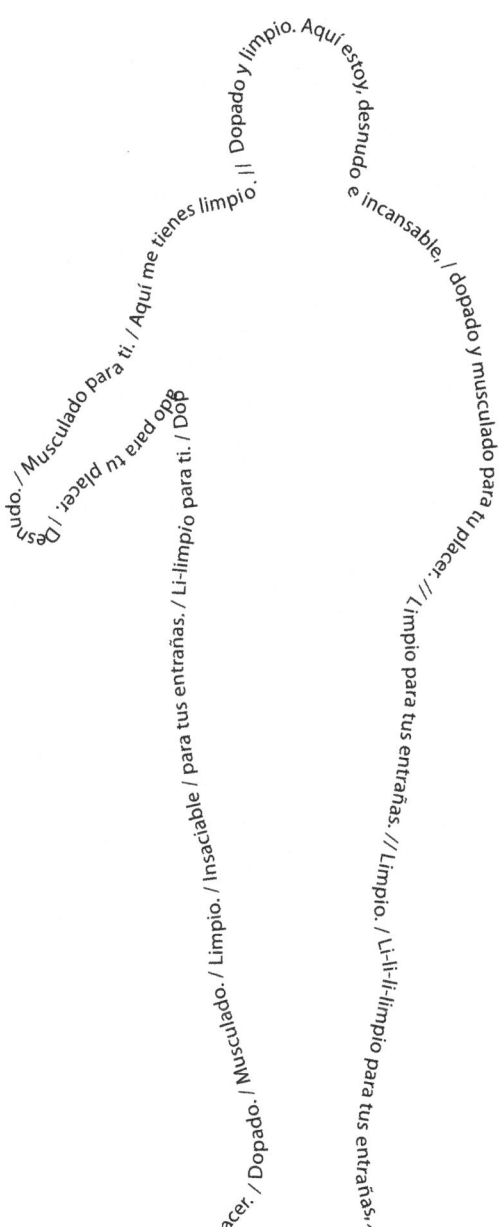

Dopado y limpio. Aquí estoy, desnudo e incansable, / dopado y musculado para tu placer. // Limpio para tus entrañas. // Limpio. / Li-li-li-limpio para tus entrañas. / limpio para tu placer. / Dopado. / Musculado. / Limpio. / Insaciable / para tus entrañas. / Li-limpio para ti. / Dopado para tu placer. / Desnudo. / Musculado Para ti. / Aquí me tienes limpio. // Dopado y limpio.

[*Poeta namorado. Dúas da mañá*]

Foi rápido. No coche. Cinco minutos.
Unha descarga.
Eu aínda o amaba pero sabía xa que era inútil.
Il amábame pero non atopaba tempo material.
O destino aliárase na nosa contra ou, talvez, alertábanos
e a cada encontro seguían pequenos incidentes:
obxectos que se rompían, golpes estúpidos, rozaduras no
    coche,
prantos, pinchazos, risas de alerxia...
Pero alí nos tiñas, aos dous, no coche,
desafiando as alerxias, os golpes, as rupturas e as bágoas.
Desafiando o destino e a garda civil,
que sempre paraba para informarnos de que estabamos
nunha área prohibida.

[*Poeta enamorado. Dos de la madrugada*]

Fue rápido. En el coche. Cinco minutos.
Una descarga.
Todavía lo amaba pero ya sabía que era inútil.
Él me amaba pero no encontraba tiempo material.
El destino se había aliado en nuestra contra o, tal vez,
      nos alertaba
y a cada encuentro lo seguían pequeños incidentes: obje-
tos que se rompían, golpes estúpidos, rozaduras en
      el coche,
llantos, pinchazos, risas de alergia…
Pero allí estábamos, los dos, en el coche,
desafiando a las alergias, los golpes, las rupturas y las
      lágrimas.
Desafiando al destino y a la guardia civil,
que siempre se paraba para informarnos de que
      estábamos
en un área prohibida.

[*Trans en excursión nocturna. Dúas e media da mañá*]

Gústoche nesta foto?
Sacouma un estudante de psicoloxía case a cegas,
    de noite.
Eu acababa de operarme.
Viñamos de facelo por tras do aeroporto,
na beirarrúa da estrada.
Nunca me vin tan feminina.
Pero non son eu senón os seus ollos, fascinados por min.
E o meu desexo...

Il era tan novo...
Eu estaba tan contenta...

[*Trans en excursión nocturna. Dos y media de la madrugada*]

¿Te gusto en esta foto?
Me la sacó un estudiante de psicología casi a ciegas,
    de noche.
Yo acababa de operarme.
Veníamos de hacerlo detrás del aeropuerto,
al borde de la carretera.
Nunca me había visto tan femenina.
Pero no soy yo sino sus ojos, fascinados conmigo.
Y mi deseo...

Él era tan joven...
Yo estaba tan contenta...

i/ só lle gustaban os estraños.
Diciá que os estraños mantenen
a xenialidade intacta.

A él solo le gustaban los extraños.

Decía que los extraños mantienen
la genialidad intacta.

[*Traballador por conta propia sen suficientes anos cotizados. Tres e cuarto da mañá*]

Síntome con ansia e con fame. / / Unha criatura / ávida de devorar, / / aterrorizada de que a devoren.

[*Trabajador por cuenta propia sin suficientes años cotizados. Tres y cuarto de la madrugada*]

Me siento con ansia y con hambre. / / Una criatura / ávida de devorar, / / aterrorizada de que la devoren.

[*Trans ás catro e media da mañá*]

A miña primeira vez foi aos tres anos.
Operáronme dunha hernia umbilical
e a miña nai, dúas semanas despois, detectou en min
un olor estraño. Frotoume as mans con xabón
porque creu que ás mans se me apegara o cheiro do peixe
que comeramos ao mediodía. Pero non foi suficiente
e lavoume naquela tina redonda de zinc
que facía de bañeira. O cheiro foi a máis.
Levoume ao médico e o médico corroborouno,
«señora, o seu fillo fede». Tras explorame detidamente,
deslizou unhas delgadas pinzas por un dos orificios do
    nariz
e empezou a extraer, precedida dun bafo insoportable
que case fixo chorar a mamá, unha longa tira de gasa,
demasiado longa para chegar alí por mans inocentes.
O médico concluíu que eu lle ripara a gasa á vendaxe
    umbilical
e a fora introducindo lentamente,
obsesivamente,
ata case chegar ao cerebro. Ese impulso
acompañoume sempre:
reencherme
e quedar dentro.

[*Trans a las cuatro y media de la madrugada*]

Mi primera vez fue a los tres años.
Me operaron de una hernia umbilical
y mi madre, dos semanas después, detectó en mí
un olor extraño. Me frotó las manos con jabón
porque creyó que tenía en las manos el tufo del pescado
que habíamos comido al mediodía. Pero no fue suficiente
y me lavó en aquella tina de zinc
que hacía de bañera. El olor fue a más.
Me llevó al médico y el médico lo corroboró,
«señora, su hijo apesta». Tras explorarme detenidamente,
deslizó unas delgadas pinzas por uno de los orificios
    de la nariz
y empezó a extraer, precedida de una vaharada insoportable
que casi hizo llorar a mamá, una larga tira de gasa,
demasiado larga para haber llegado allí por manos
    inocentes.
El médico concluyó que yo le había arrancado la gasa al
    vendaje umbilical
y me la había ido introduciendo lentamente,
obsesivamente,
hasta casi llegar al cerebro. Ese impulso
me ha acompañado siempre:
volver a llenarme
y quedarme dentro.

[*Curadora de exposicións despois de reflexionar sobre a súa situación laboral. Cinco e vinte da mañá*]

Aos oito anos, decidín que non ía ensuciar nunca máis.

Concentreime,

ás veces con gran esforzo, encollida nos recunchos da casa, debaixo das camas, tras das portas,

para que o meu orificio non cedese,

e durante dúas semanas o esforzo resultou un éxito.

Fun a nena máis feliz do mundo.

Ás dúas semanas, porén, comezou o malestar: a febre, os vómitos, a falta de apetito, o cansazo...

Eu tampouco atribuía o malestar á miña decisión, tan firmemente tomada.

En absoluto.

O pracer da miña decisión superaba calquera pracer previo

e a febre non facía máis que acrecentalo.

Cando chegou o médico, eu estaba xa encamada.

Auscultoume

[*Curadora de exposiciones después de reflexionar sobre su situación laboral. Cinco y veinte de la madrugada*]

A los ocho años decidí que no iba a ensuciar nunca más.

Me concentré,

a veces con gran esfuerzo, encogida por los rincones de la casa, debajo de las camas, tras las puertas,

para que mi orificio no cediese,

y durante dos semanas el esfuerzo resultó un éxito.

Fui la niña más feliz del mundo.

A las dos semanas, sin embargo, comenzó el malestar: la fiebre, los vómitos, la falta de apetito, el cansancio...

Yo tampoco atribuía el malestar a mi decisión, tan firmemente tomada.

En absoluto.

El placer de mi decisión superaba cualquier placer previo

y la fiebre no hacía más que acrecentarlo.

Cuando llegó el médico, yo ya estaba encamada.

Me auscultó

e emitiu o diagnóstico con voz grave: «a esta nena, a
merda énchelle o estómago».

Introduciume un enema, un daquiles enemas enormes
que había entón,

e comecei a expulsar montañas dunha masa fedorenta

que a miña nai trasladaba en sucesivas palanganas ao váter.

O enema non me mancou pero a dor que sentía era
indescritible.

Estaban extinguindo a decisión do meu pracer.

y emitió el diagnóstico con voz grave: «a esta niña la
mierda le llena el estómago».

Me introdujo un enema, uno de aquellos enemas
enormes que había entonces,

y empecé a expulsar montañas de una masa apestosa

que mi madre trasladaba en sucesivas palanganas al váter.

El enema no me hizo daño, pero el dolor que sentía era
indescriptible.

Estaban extinguiendo la decisión de mi placer.

[*Profesor de vacacións con soldo do Ministerio de Exteriores. Sete menos cuarto da mañá. Luz aínda indómita*]

A min o que me gustaría é observarte por un orificio na parede mentres bailas.[9]

Observarte sen que me vexan.

Tocarme e que ninguén imaxine

que podo tocarme así,

presionando sobre o pantalón —pouco a pouco—

mentres bailas.

Tocarme e que nin sequera ti saibas

que estou aí, observándoo...

---

[9] Alude talvez a unha físgoa.

[*Profesor de vacaciones con sueldo del Ministerio de Exteriores. Siete menos cuarto de la mañana. Luz todavía indómita*]

A mí lo que me gustaría sería observarte por un orificio en la pared mientras bailas.[9]

Observarte sin que me vean.

Tocarme y que nadie se imagine

que me puedo tocar así,

presionando sobre el pantalón —poco a poco—

mientras bailas.

Tocarme y que ni siquiera tú sepas

que estoy ahí, observándo...

---

[9] Alude tal vez a una rendija.

[Silencio]

4
Extraños en la noche

4
Estraños na noite

No século XVIII, a aristocracia e os comerciantes portugueses concluíron que o seu idioma carecía de palabras adecuadas para nomear os insectos brillantes da noite. Os únicos términos de uso que existían, cagalume e cagafogo, pareciánlles ofensivos, máis se consideraban que aquiles diminutos animais estaban dotados dunha máxica beleza, allea a calquera órgano secretor. Foi entón cando decidiron patentar unha palabra adecuada ás súas sensibilidades e pediron a axuda dos especialistas máis reputados de Europa.

No fragor da polémica, a célebre escritora Joana Josefa de Meneses, condesa da Ericeira, utilizou por vez primeira o vocábulo pirilampo, de notable extensión actualmente, mentres o sacerdote e lexicógrafo británico Rafael Bluteau propuxo outro de certo éxito, vagalume. A nivel popular, porén, os portugueses seguiron optando por cagalume.

En Galicia, desde hai séculos, úsase lucecú, se ben existen términos de raíz máxica como A vella que fai o caldo ou A vella que fai o lume, vinculados a fenómenos asombrosos ou inexplicables, como o Arco da vella. No cultivo literario o cultismo portugués vagalume é case hexemónico. [9]

---

[9] O primeiro testemuño escrito que se rexistrou de vagalume é en 1918, no número 36 do periódico *O Tío Marcos da Portela*. De aí pasou á revista *Nós* e extendeuse a todos os autores da época ata a literatura actual.

En el siglo XVIII, la aristocracia y los comerciantes portugueses concluyeron que su idioma carecía de palabras adecuadas para nombrar los insectos brillantes de la noche. Los únicos términos de uso que existían, *cagalume* y *cagafogo*, les parecían ofensivos, más si consideraban que aquellos diminutos animales estaban dotados de una mágica belleza, ajena a cualquier órgano secretor. Fue entonces cuando decidieron patentar una palabra adecuada a sus sensibilidades y pidieron la ayuda de los especialistas más reputados de Europa.

En el fragor de la polémica, la célebre escritora Joana Josefa de Meneses, condesa de Ericeira, utilizó por primera vez el vocablo *pirilampo*, de notable extensión actualmente, mientras que el sacerdote y lexicógrafo británico Rafael Bluteau propuso otro de cierto éxito, *vagalume*. A nivel popular, sin embargo, los portugueses siguieron optando por *cagalume*.

En Galicia, desde hace siglos, se usa *lucecú*, si bien existen términos de raíz mágica como *A vella que fai o caldo* o *A vella que fai o lume*, vinculados a fenómenos asombrosos o inexplicables, entre como el *Arco da vella*.

En el cultivo literario el cultismo portugués *vagalume* es casi hegemónico [9].

———

[9] El primer testimonio escrito que se registró de *vagalume* en gallego es en 1918, en el número 36 del periódico *O Tío Marcos da Portela*. De ahí pasó a la revista *Nós* y se extendió a todos los autores de la época hasta la literatura actual

Ao longo dos seus dous anos de vida, o lucecú tolera ata sete mutacións. De larva pasa a pupa e de pupa a escaravello. É curioso que lle chamemos estritamente lucecú ao seu estadio máis breve, cando se converte en adulto, o cal dura como máximo sete días. Logo morre. Neses sete días non precisa comer: susténtase coas reservas que almacenou a larva nos anos previos. A súa única ocupación neses sete días é amar.

A lo largo de sus dos años de vida, la luciérnaga tolera hasta siete mutaciones. De larva pasa a pupa y de pupa a escarabajo. Es curioso que llamemos estrictamente luciérnaga a su estadio más breve, cuando se convierte en adulto, el cual dura como máximo siete días. Después muere. En esos siete días no necesita comer: se sustenta con reservas que ha almacenado la larva en los años previos. Su única ocupación durante esos siete días es amar.

Vou na busca dun poema e encóntrome a Lopo bebendo
viño de Vilachá nunha taberna. Saudámonos e
invítame á súa mesa.

Il di que o viño de Vilachá ten sabor a lousa e densidade
de érbedo.

Pido do seu viño para comprobalo e, efectivamente,
percibo a lousa e o érbedo,

con notas adstrinxente que me lembran —fágome o
interesante— os... morotes?

«Exacto!», reafírmase Lopo e, xa máis confiado,
explícame que está a tratamento.

As pálpebras e as engurras, acuguladas as engurras na
comisura dos labios —como o envoltorio dun
caramelo— certifican temporadas de desorientación.

«E ademais —engade— quedei no paro». «Incrible!»
—pasmo.

Despois dunha longa conversa pregúntolle se como
poeta busca a beleza.

Voy en busca de un poema y me encuentro a Lopo
  bebiendo vino de Vilachá en una taberna. Nos
  saludamos y me invita a su mesa.

Él dice que el vino de Vilachá tiene sabor a pizarra y
  densidad de madroño.

Pido de su vino para comprobarlo y, efectivamente,
  percibo la pizarra y el madroño,

con notas astringentes que recuerdan —me hago el
  interesante— a las... ¿moras?

«¡Exacto!», se reafirma Lopo y, ya más confiado, me
  explica que está en tratamiento.

Los párpados y las arrugas, acumuladas las arrugas en la
  comisura de los labios —como el envoltorio de un
  caramelo— certifican temporadas de desorientación.

«Y además —añade— me he quedado en el paro».
  «¡Increíble!» —me pasmo.

Después de una larga conversación le pregunto si como
  poeta busca la belleza.

Il responde que non busca nada e arquea as cellas, «espero con paciencia botánica».

Eu —talvez acirrado polo viño— sostéñolle a mirada, «hai plantas que esperan as súas presas».

«Claro —sorrí—, as plantas carnívoras... Pero vostede cre que as plantas carnívoras son máis intelixentes polo simple feito de ser carnívoras e esperar?»

«Ao parecer —déixome levar polo desafío da súa serenidade—, o consumo de carne, o canibalismo, foi esencial no desenvolvemento do cerebro humano».

Il remela os ollos, «fíxese vostede... Existen plantas carnívoras pero non existen plantas herbívoras. As plantas non se comen entre si».

Nunca reparara nesa cuestión e dígolle, «recoñezo que é unha cuestión na que non reparara».

«Pois é unha cuestión inquietante: alimentar as especies coa carne da súa propia especie. Agora estílase moito. Os enxeñeiros aseguran que así as especies poducen máis.

Sempre me preguntei se cando comes carne comes a memoria desa carne. Se hai unha memoria que está na carne e non lembramos.

Unha memoria que nos transforma, como toda memoria, pero que non forma parte da nosa experiencia senón da fame da nosa especie».

Él responde que no busca nada y arquea las cejas, «espero con paciencia botánica».

Yo —tal vez instigado por el vino— le sostengo la mirada, «hay plantas que esperan a sus presas».

«Claro –sonríe—, las plantas carnívoras... ¿Pero usted cree que las plantas carnívoras son más inteligentes por el simple hecho de ser carnívoras y esperar?»

«Al parecer —me dejo llevar por el desafío de su serenidad—, el consumo de carne, el canibalismo, fue esencial en el desarrollo del cerebro humano».

Él pone los ojos en blanco, «fíjese usted... Existen plantas carnívoras pero no existen plantas herbívoras. Las plantas no se comen entre sí».

Nunca había reparado en esa cuestión y le digo, «reconozco que es una cuestión en la que no había reparado».

«Pues es una cuestión inquietante: alimentar a las especies con la carne de su propia especie. Ahora se estila mucho. Los ingenieros aseguran que así las especies producen más.

Siempre me he preguntado si cuando comes carne comes la memoria de esa carne. Si hay una memoria que está en la carne y no recordamos.

Una memoria que nos transforma, como toda memoria, pero que no forma parte de nuestra experiencia sino del hambre de nuestra especie».

«Fala vostede dunha caste de sobrevivencia?» «En absoluto, querido amigo.

O escritor que espere a inmortalidade é un necio. Falo de canibalismo... O canibalismo... A especie... A especie, ¿sabe?».

«¿Habla usted de un tipo de supervivencia?» «En absoluto, querido amigo.

El escritor que espere la inmortalidad es un necio. Hablo de canibalismo... El canibalismo... La especie... La especie, ¿sabe?».

[Os dous homes permanecen tumbados cos pantalóns nos nocellos, como se quixesen dilatar a experiencia compartida ou retrasar o regreso á casa. Son talvez parella ou as súas parellas os están agardando. Talvez se encontran periodicamente ou nunca se viron antes e non se verán máis. Talvez acaban de coñecerse e xa non se atreven a separarse. Un fuma e o outro xace de costas, coa cabeza na herba e os brazos estendidos cara á noite. A combustión do cigarro ilumínaos.]

[Los dos hombres permanecen tumbados con los pantalones por los tobillos, como si quisieran dilatar la experiencia compartida o retrasar el regreso a casa. Son tal vez pareja o sus parejas los están esperando. Tal vez se encuentran periódicamente o nunca se han visto antes ni se verán más. Tal vez acaban de conocerse y ya no se atreven a separarse. Uno fuma y el otro yace de espaldas, con la cabeza en la hierba y los brazos extendidos hacia la noche. La combustión del cigarrillo los ilumina.]

Os vagalumes dependen da escuridade da noite e a
iluminación nocturna desconcértaos. Moitos

pérdense arredor das farolas porque confunden as
farolas con outros vagalumes inflamados de desexo.

Ao final perecen por sobredose de fotoexposición silente.
Esa é unha das razóns da súa extinción.

Ti cres que poderias deixar de amar? Non me refiro a
deixarme de amar a min e a non amar a outro no
meu lugar. Non.

Refírome a deixar de amar, que non percibises o amor
como algo propio.

Razóns non che faltarían... Os resultados da utopía
romántica son decepcionantes.

Pero imaxina que te despoxasen tamén da capacidade
de amar...

Non falo do amor universal, que ama a todos para amarse
a si mesmo,

e tampouco falo do deleite, desa pulsión nos que reparten
xenerosamente a súa inmensa aptitude de
proporcionar pracer.

Coñecín un home que me dixo, «gústame ser
compracente. Non me pidas que te ame».

Las luciérnagas dependen de la oscuridad de la noche y
la iluminación nocturna las desconcierta. Muchas

se pierden alrededor de las farolas porque confunden las
farolas con otras luciérnagas inflamadas de deseo.

Al final perecen por sobredosis de fotoexposición silente.
Esa es una de las razones de su extinción.

¿Tú crees que podrías dejar de amar? No me refiero a
dejar de amarme a mí y no amar a otro en mi lugar.
No.

Me refiero a dejar de amar, que no percibieras el amor
como algo propio.

Razones no te faltarían... Los resultados de la utopía
romántica son decepcionantes.

Pero imagina que te despojasen también de la capacidad
de amar...

No hablo del amor universal, que ama a todos para
amarse a sí mismo,

y tampoco hablo del deleite, de esa pulsión entre los que
reparten generosamente su inmensa aptitud de
proporcionar placer.

Conocí a un hombre que me dijo, «me gusta ser
complaciente. No me pidas que te ame».

Ás veces pregúntome se un poeta dismoderno pode ser
verdadeiramente poeta.

Que opinas do silencio? Eu non penso no silencio como
ausencia de ruído.

O silencio existe cando deixamos de pensar e só
deixamos de pensar cando espirramos e no orgasmo.

Algunhas parellas acaban a vida odiándose...!

Odiarse aos oitenta ou aos noventa é o lugar máis
horrible ao que poden chegar os amantes.

Contoume a miña nai que un tío seu se separou aos 94
anos.

Limpoulle a conta bancaria á muller e marchou a vivir
cun sobriño, que o acolleu encantado, claro.

Din que as mutacións son a esencia da vida e que as
esquecemos para lembrar que somos.

Que cres que sente o vagalume ante as farolas?

A veces me pregunto si un poeta dismoderno puede ser verdaderamente poeta.

¿Qué opinas del silencio? Yo no pienso en el silencio como ausencia de ruido.

El silencio existe cuando dejamos de pensar y solo dejamos de pensar cuando estornudamos y en el orgasmo.

¡Algunas parejas terminan sus vidas odiándose...!

Odiarse a los ochenta o a los noventa es el lugar más horrible al que pueden llegar los amantes.

Me contó mi madre que un tío suyo se separó a los 94 años.

Le limpió la cuenta bancaria a su mujer y se marchó a vivir con un sobrino, que lo acogió encantado, claro.

Dicen que las mutaciones son la esencia de la vida y que las olvidamos para recordar quienes somos.

¿Que crees que siente la luciérnaga ante las farolas?

5
Permanece el fondo residual de los pasos

5
Permanece o fondo residual dos pasos

Son un poeta[10] que indaga como sobrevivir á
   desaparición do poema.

Un poeta que invitou a modernidade a cear e encontrou a
   modernidade disecada.

Durante 43 semanas —durante 43 semanas seguidas—
   escribín dise espanto

e da elegancia con que operaban nela os taxidermistas,
   outrora teólogos do sufrimento físico e do trauma
   psicolóxico.

Son un poeta que desafía os símbolos do seu desexo. Un
   poeta que escoita na interferencia linguística

e capta palabras extinguidas que aínda viaxan. Son o
   ouriol, o cultivador de socalcos,

o que viaxa na dobre caligrafía do kif e do alcol, o que
   pinta en tolvas de cereal e se unxe en leite e en
   bosque.

Son un poeta que anda. Un poeta que se observa desde
   fóra mentres anda

e observa o asento milenario dos castiñeiros, as torres de
   alta tensión e a distópica curiosidade do corzo.

Gabeo as serras en compaña diste estraño e da súa lingua
   sen articulación.
Aprendo os camiños de día e de noite adéntrome na
   maleza ata perderme.

Soy un poeta[10] que indaga cómo sobrevivir a la
    desaparición del poema.

Un poeta que ha invitado a la modernidad a cenar y se ha
    encontrado a la modernidad disecada.

Durante 43 semanas —durante 43 semanas seguidas—
    he escrito sobre ese espanto

y sobre la elegancia con que operaban en ella los
    taxidermistas, otrora teólogos del sufrimiento físico y
    del trauma psicológico.

Soy un poeta que desafía los símbolos de su deseo. Un
    poeta que escucha en la interferencia lingüística

y capta palabras extinguidas que todavía viajan. Soy la
    oropéndola, el cultivador de bancales,

el que viaja en la doble caligrafía del kif y del alcohol, el
    que pinta en tolvas de cereal y se unge en leche y en
    bosque.

Soy un poeta que anda. Un poeta que se observa desde
    fuera mientras anda

y observa el asiento milenario de los castaños, las torres
    de alta tensión y la distópica curiosidad del corzo.

Escalo las sierras en compañía de este extraño y de su
    lengua sin articulación.
Aprendo los caminos de día y de noche me adentro en la
    maleza hasta perderme.

Semella que nunca dou chegado pero cando chego
descubro que sempre estiven alí, onde estou, no
soarego do corpo.

Quen abre as sendas invisibles? Os animais? O cazador?
Ou o estraño?

---

[10] Ao camiñar de costas cara ao bosque, a sombra semella avanzar.

Parece que nunca llego pero cuando llego descubro que
siempre he estado allí, donde estoy, en el umbral del
cuerpo.

¿Quién abre las sendas invisibles? ¿Los animales?
¿El cazador? ¿O el extraño?

---

[10] Al caminar de espaldas hacia el bosque, la sombra parece avanzar.

***

El 22 de abril de 2013 se estrenó en la galería Dispara de A Estrada la performance *Lampíricos*, que en los tres años siguientes se pudo ver —entre otros espacios— en el MARCO de Vigo, en la Sala C de Compostela, en la Capilla de San Pedro de Monforte, en el Centro Cultural Matienzo de Buenos Aires, en el Labranza de Bueu o en el Museo de Arte Contemporáneo Mohamed Drissi de Tánger. El texto que le servía de base permaneció inédito hasta que la Fundación Novoneyra —donde *Lampíricos* se exhibió dos días en agosto de 2014— hizo posible su publicación. Por debajo de la iluminación, que articulaba las atmósferas con un avanzado concepto de autosuficiencia energética, y por debajo de los vídeos o de los documentos audiovisuales, emergió este texto, aún atravesado por la dimensión física. En él permanecen el murmullo de Esauira y el corazón fibrilante del poema, desnudo.

ÍNDICE

ÍNDICE

La primera edición de *Lampíricos* se terminó de imprimir, por encargo de Letraversal Ediciones, el 12 de agosto de 2024. Ese mismo día de 1899, le amputaban el brazo gangrenado a Don Ramón María del Valle Inclán, el escritor gallego, como si fuese el héroe de una de sus obras, por la mala fortuna de clavársele un gemelo en la muñeca: *Los héroes clásicos reflejados en los espejos cóncavos, dan el Esperpento [...] La deformación deja de serlo cuando está sujeta a una matemática perfecta. Mi estética actual es transformar con matemática de espejo cóncavo, las normas clásicas.*

❖❖❖